NATIONAL GEOGRAPHIC

El Bosque de los Niños

EDICIÓN PATHFINDER

Por Peter Winkler

CONTENIDO

El poder de los niños. *Esta niña fue una de las primeras líderes del bosque de los niños.*

Los niños están a cargo

Los niños del Perú tienen una razón especial para cuidar su bosque tropical. Son sus dueños.

Por Peter Winkler

La Tierra tiene graves problemas. Los **bosques lluviosos** se están reduciendo. Muchos animales salvajes están en peligro de extinción. La **contaminación** echa a perder el aire y el agua. Esos son apenas algunos de los problemas.

Los adultos han intentado resolver estos problemas. Sus iniciativas reciben el nombre de **conservación**. Significa proteger los lugares, plantas y animales silvestres.

La conservación es difícil de lograr. De hecho, es uno de los desafíos más difíciles que enfrenta el mundo hoy. Proteger la naturaleza puede requerir que la gente cambie su modo de vida. Hacerlo cuesta tiempo y dinero.

A pesar de las dificultades, se han logrado algunos progresos en el cuidado de nuestro planeta. Algunos ríos, por ejemplo, están más limpios que antes. Sin embargo, queda mucho trabajo por hacer.

Entonces, ¿cómo pueden los seres humanos mejorar la salud de la Tierra? Joaquín Leguía tiene una idea. Se ocupa de la conservación en América del Sur.

Leguía dice que los niños son la clave para salvar nuestro planeta. Piensa que los niños que aman la naturaleza sabrán cuidarla mejor, tanto ahora como en el futuro. Así que encuentra maneras para que los niños amen la naturaleza.

La mejor manera de hacerlo, dice Leguía, es dar a los niños un poco de naturaleza. Puede ser un bosque, un campo o hasta un pequeño jardín. Lo principal es que los niños sean sus dueños, lo exploren y lo cuiden.

Viajando de acá para allá. *Niños indígenas reman en una canoa fabricada con un tronco de un árbol.*

Bosques lluviosos

Leguía empezó a probar su idea en 2001. Conversó con personas en el sudeste de Perú. Ese es un país de América del Sur.

La gente con la que se reunió Leguía vive en un bosque lluvioso. Un bosque lluvioso es una zona boscosa que recibe por lo menos cuatro pulgadas de lluvia por mes. La mayoría de estos bosques son tropicales. Eso significa que se ubican en lugares que son cálidos todo el año.

Los bosques lluviosos son importantes por muchas razones. Producen oxígeno para que podamos respirar. Y eliminan los gases nocivos del aire.

Los bosques lluviosos también son hábitats. Son lugares donde viven plantas y animales. Aproximadamente la mitad de las especies, o clases de animales y plantas de la Tierra, viven en bosques lluviosos.

A pesar de todo eso, los seres humanos están destruyendo este tipo de bosques. La cantidad de bosque lluvioso que se pierde cada año mide aproximadamente el tamaño del estado de Florida.

Leguía pidió a las personas que reservaran parte del bosque lluvioso para los niños. Al principio los adultos se negaron. Necesitaban la tierra para cazar y buscar alimento. Pero más tarde entregaron a los niños una gran porción de tierra. Ahora se llama el Bosque de los Niños.

¿Quién es el jefe?

Encargarse de un bosque implica un gran trabajo. ¿Cómo iban a arreglárselas los niños? Comenzaron por elegir funcionarios y un presidente. Los líderes ejercerían su cargo por un año. Entonces, se hacía una nueva elección.

La principal tarea de los funcionarios es decidir cómo cuidar del bosque. Para hacerlo, los líderes celebran reuniones con otros niños. También obtienen ideas de maestros, guardabosques y otros adultos.

Pero al final, los niños deciden qué hacer. Trabajan juntos para lograrlo. Como te puedes imaginar, han estado ocupados.

Bienvenidos a nuestro mundo.

DERECHA: Los niños del Perú crearon este cartel. La línea roja muestra un sendero que ellos hicieron. Las palabras en verde indican el nombre del bosque.

Niños trabajando

Desde 2001, los niños han pasado mucho tiempo explorando su tierra. El Bosque de los Niños es como un viaje de estudios que no tiene fin.

Por ejemplo, el bosque les brinda a los niños la oportunidad de convertirse en genios de la vida silvestre. Al estudiar huellas y excrementos, los niños aprenden a rastrear animales. Los animales de los bosques lluviosos incluyen monos, perezosos y nutrias de río.

Además, los niños han creado y trazado muchos senderos a lo largo del Bosque de los Niños. En el camino, han aprendido a identificar muchas clases diferentes de plantas silvestres. De hecho, los niños aplicaron su conocimiento reciente para escribir una guía de la naturaleza. Permite a los visitantes del Bosque de los Niños saber lo que están viendo.

Los niños incluso descubrieron maneras de ganar dinero sin destruir su bosque lluvioso. Recogen nueces, semillas y hojas que caen naturalmente. Luego las usan para fabricar y vender artesanías. El dinero de las ventas se usa para pagar los letreros del camino y otras cosas.

Hasta ahora, los Niños que dirigen el Bosque de los niños han hecho exactamente lo que Joaquín Leguía esperaba. Exploran su tierra. Cuidan su tierra. Y aman su tierra.

? *¿Crees que el Bosque de los Niños es una buena idea? ¿Qué harías si tuvieras tu propio bosque?*

Zona salvaje. *IZQUIERDA: Volando a toda velocidad entre los árboles, esta guacamaya roja es uno de los tantos animales del bosque lluvioso. Los seres humanos todavía están aprendiendo qué animales y plantas viven en los bosques lluviosos.*

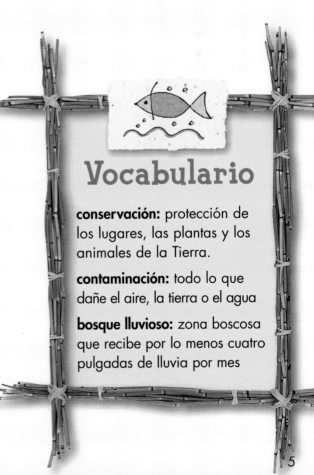

Vocabulario

conservación: protección de los lugares, las plantas y los animales de la Tierra.

contaminación: todo lo que dañe el aire, la tierra o el agua

bosque lluvioso: zona boscosa que recibe por lo menos cuatro pulgadas de lluvia por mes

Explora América del Sur

Perú tiene muchos tipos de hábitats. Hay playas, desiertos, selvas, montañas y más. Estas imágenes muestran un poco de la diversidad que existe en Perú.

Al igual que Perú, el resto de América del Sur tiene muchos lugares asombrosos. Los Andes son la cadena de montañas más larga de la Tierra. El Amazonas transporta más agua que ningún otro río. Inmensos bosques lluviosos se extienden a lo largo del río.

Puedes aprender más sobre América del Sur explorando el mapa físico que está a la derecha.

¿Hay árboles? *Un mono capuchino marrón pasea por un parque de bambúes. Los bosques de América del Sur son hábitats ideales para muchas clases diferentes de monos.*

Mundo perdido. *Un cactus crece en una región seca cerca de la costa de Perú. Detrás están las ruinas de una antigua ciudad.*

Abrigos invernales. *Su grueso pelaje mantiene abrigadas a las alpacas.*

América del Norte

América del Sur

ECUADOR

VENEZUELA

COLOMBIA

SURINAM

GUAYANA

GUAYANA FRANCESA (Francia)

ECUADOR

Río Amazonas

Río Amazonas

PERÚ

BRASIL

BOLIVIA

PARAGUAY

CHILE

ARGENTINA

URUGUAY

OCÉANO PACÍFICO

OCÉANO ATLÁNTICO

N
O   E
S

Islas Falkland
(Reino Unido)

Clave del mapa

	Montaña
	Desierto
	Bosque lluvioso
	Pradera
	Tierras húmedas

Bosques lluvio

Los bosques lluviosos son lugares asombrosos. ¿Sabías que los bosques tropicales lluviosos reciben hasta 400 pulgadas de lluvia por año? ¿O que los árboles de un bosque lluvioso templado pueden medir cientos de pies de altura? Échale un vistazo a estos otros datos de los bosques lluviosos.

Bosques tropicales lluviosos

La mayoría de estos bosques son tropicales. Están cerca del Ecuador, o la zona alrededor del centro de la Tierra. Los bosques son cálidos todo el año.

El aire caliente puede retener mucha agua. Por eso llueve muchas veces al día. Entre tormentas, el clima es soleado y luminoso. Esta combinación de sol y lluvia hace que los bosques sean muy húmedos.

Las plantas crecen vigorosas en estos bosques cálidos y húmedos. De hecho, aquí hay muchas plantas que compiten por la luz. Los árboles altos absorben la luz solar muy por encima del suelo del bosque. Las plantas pequeñas, como las orquídeas y vides, crecen sobre los árboles para poder captar mejor los rayos del Sol. Las plantas son tan frondosas que prácticamente no llega la luz al suelo del bosque.

Los bosques tropicales lluviosos albergan muchas clases de animales. Los insectos superan en número a todos los animales del bosque tropical. Andan por el suelo mojado y zumban por el aire húmedo. Los pájaros sobrevuelan las copas de los árboles. Los monos saltan de rama en rama. Enormes gatos avanzan lentamente entre las ramas en busca de alimento. No importa dónde mires, encontrarás vida en medio de los árboles.

Los bosques tropicales lluviosos cubren menos del seis por ciento de la superficie de la Tierra. Sin embargo, albergan a más de la mitad de las especies de plantas y animales del planeta. En ninguna otra parte puedes encontrar tantas clases de seres vivos en un mismo lugar.

En el calor del hogar.
ARRIBA: Este gorila tiene su hogar en un bosque tropical lluvioso.
DERECHA: A lo largo del río, este bosque tropical africano está repleto de plantas.

Bosque tropical lluvioso

Lluvias ¡Los bosques tropicales lluviosos reciben entre 80 y 400 pulgadas de lluvia por año!

Ubicación Casi todos los bosques tropicales lluviosos están cerca del Ecuador. Allí hace calor durante todo el año.

Dato interesante La selva amazónica de América del Sur es el bosque tropical lluvioso más grande del mundo. Allí viven más especies de plantas y animales que en ninguna otra parte del mundo.

Bosques lluviosos templados

Algunos bosques lluviosos no son tropicales, sino templados. Estos bosques están más lejos del Ecuador. Lo que significa que no son tan calurosos. Además, allí viven menos especies de animales y plantas.

A lo largo de la costa norte del Pacífico en América del Norte, se ubica una zona con bosques lluviosos templados. Allí los veranos son cálidos, pero no son sofocantes. Los inviernos son frescos, pero no fríos. Una niebla densa avanza desde el océano hacia la tierra. Cuando el aire se enfría, la niebla se convierte en lluvia. Humedece el bosque.

Menos especies de plantas viven en los bosques lluviosos templados. Pero muchas crecen vigorosamente en este entorno frío y húmedo. Musgos y helechos pueblan los bosques cubiertos de bruma. Algunos árboles, como los secoyas, pueden crecer cientos de pies de altura.

En los bosques lluviosos templados no viven tantas especies distintas de animales. Y las que lo hacen están perfectamente adaptadas al clima frío y húmedo. Las ardillas se lanzan velozmente desde las copas de los árboles. Las marmotas, los alces y los ciervos de cola negra mordisquean las plantas del bosque. Los bosques lluviosos templados albergan muchas especies de criaturas, desde borricos hasta águilas americanas.

El futuro de los bosques

Los bosques tropicales lluviosos y los bosques lluviosos templados tienen muchas diferencias. Pero tienen una cosa en común. Ambos están en peligro.

Cada día se talan muchos acres de bosque en todo el mundo. Esto amenaza a las plantas y animales que viven en estos bosques. Además, las personas de todo el mundo dependen de estos bosques para obtener alimento y medicamentos que salvan vidas.

Es por esto que los proyectos como el Bosque de los Niños son importantes. Los niños del Perú están ayudando a conservar los bosques lluviosos del mundo. Pero no son los únicos que pueden ayudar. ¡Tú también puedes hacerlo!

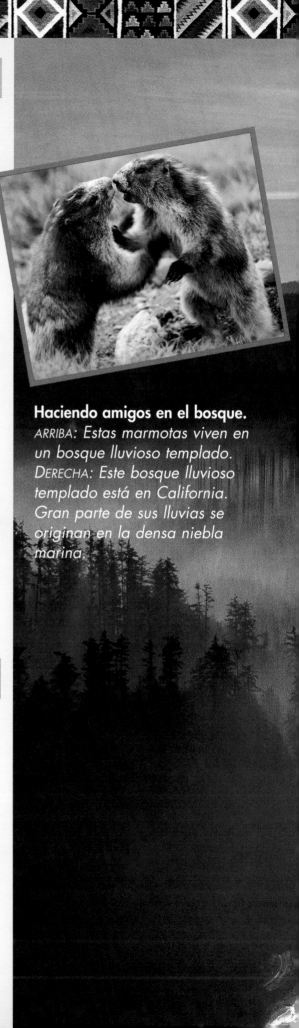

Haciendo amigos en el bosque.
ARRIBA: Estas marmotas viven en un bosque lluvioso templado. DERECHA: Este bosque lluvioso templado está en California. Gran parte de sus lluvias se originan en la densa niebla marina.

10

Bosques lluviosos templados

LLuvias Los bosques lluviosos templados reciben aproximadamente 100 pulgadas de lluvia por año.

Ubicación La mayor parte de los bosques lluviosos templados se ubican cerca de la costa oeste de América del Norte y América del Sur.

Dato interesante Los árboles de los bosques lluviosos templados suelen vivir más tiempo que los de los bosques lluviosos tropicales. Algunos, como las secoyas gigantes, pueden vivir miles de años.

Bosques lluviosos

Responde las siguientes preguntas para descubrir lo que has aprendido sobre los bosques lluviosos.

1 ¿Qué es la conservación? ¿Por qué a veces es difícil?

2 ¿Por qué son importantes los bosques lluviosos?

3 ¿Dónde queda el Bosque de los Niños? ¿Qué tiene de extraño?

4 ¿Dónde se encuentran la mayoría de los bosques lluviosos? ¿Por qué?

5 ¿En qué se parecen los bosques tropicales lluviosos a los bosques lluviosos templados? ¿En qué se diferencian?